AF268349

CE QUE SERAIENT

LES RÉPUBLICAINS

si

LA RÉPUBLIQUE DOMINAIT EN FRANCE ;

PAR

MOLLARD-LEFÈVRE,

Condamné politique pour les événemens d'avril.

> « L'homme consciencieux et de bonne foi
> » ne doit avoir d'autre guide que l'expé-
> » rience, car c'est par elle que de l'erreur
> » il revient à la vérité et du mal au
> » bien. » Pag. 12.

PRIX : 30 CENTIMES.

Au profit des condamnés politiques de Lyon qui ont les premiers accepté les débats.

Paris.

SE VEND CHEZ LES PRINCIPAUX LIBRAIRES

DE PARIS ET DES DÉPARTEMENS.

—

1836.

Imprimerie de Félix MALTESTE et Comp., rue Traînée, N° 15 et 17.

CE QUE SERAIENT

LES RÉPUBLICAINS

SI

LA RÉPUBLIQUE DOMINAIT EN FRANCE.

> « L'homme consciencieux et de bonne foi
> » ne doit avoir d'autre guide que l'expé-
> » rience, car c'est par elle que de l'erreur
> » il revient à la vérité et du mal au
> » bien. » Pag. 12.

Le 24 mai dernier, j'ai livré au public une brochure pour répondre aux infâmes calomnies déversées contre moi par mes co-accusés républicains, leur comité-directeur et leurs journaux. J'ai exposé franchement mes principes politiques, et je devais, dans l'intérêt de mon pays, comme dans le mien, attaquer ceux de mes détracteurs : c'est ce que j'ai fait. Depuis j'ai été condamné à 15 ans de détention par la cour des Pairs, pour la part que j'ai prise aux événemens d'avril ; j'espérais que cette forte condamnation serait à leurs yeux un motif pour passer l'éponge sur nos dissentimens communs ; pour moi, j'avais oublié ce que bien d'autres à ma place n'eussent point oublié, tout le mal qu'ils m'avaient fait. Mais voici qu'un exemplaire de mon opuscule tombe entre leurs mains, et aussitôt une explosion de colère et d'injures éclate contre moi. Ils m'ont donc encore une fois provoqué, et de telle sorte que je me trouve dans la nécessité de donner une explication plus étendue sur ma conduite et mes principes politiques ; et, si par là je suis amené à développer aussi et à mettre en opposition ceux de mes adversaires, ils ne pourront s'en prendre qu'à eux-même. N'ayant en vue que le bonheur de mon pays, et exempt de l'esprit de domination et d'ambition qui les dirige, je parlerai sans hésiter et sans être arrêté par aucune crainte, par aucune considération : je sacrifierai tout à la vérité.

Arrivé de Lyon à la Conciergerie, prison de Paris, nous nommâmes une commission pour choisir à chacun de nous un défenseur. Bientôt cette commission dépassa les bornes de sa mission, en s'arrogeant le droit de régler nos moyens de défense, à l'exemple des accusés parisiens, quoique cependant nous fussions depuis long-temps convenus de ne point faire cause commune avec eux. Les défenseurs désignés pour ce procès venaient tous les jours à la Conciergerie, mais ils n'avaient de conférence qu'avec les membres de la commission et non avec leurs cliens. Depuis plus de quinze jours j'avais demandé à avoir un entretien avec le mien ; enfin je l'obtins : là, il me déclara net que l'on généraliserait toutes les causes pour ne défendre que les principes républicains, et que l'on élèverait même tant de difficultés à la Cour des Pairs, qu'il lui serait impossible de nous juger. Cette déclaration ne pouvait me convenir, à moi, constitutionnel-monarchique ; dès lors, je rompis avec les républicains et je pris un avocat d'office. Convaincu de la bonté de mes principes politiques, je crus avoir le droit comme eux d'engager mes co-accusés à imiter mon exemple ; j'en ai usé. Mais, dès ce moment, ils s'armèrent à outrance contre moi de tout ce que la méchanceté peut inventer de plus abominable pour me perdre dans l'opinion publique ; rien n'a été épargné. Selon eux c'était chose évidente que j'étais vendu au pouvoir, ils en avaient entre leurs mains des preuves positives, et leur comité-directeur, ainsi que leurs journaux, accréditèrent si bien toutes ces turpitudes, que toute ma famille et mes connaissances y ajoutèrent foi. Cependant les débats ont prouvé tout le contraire de ce qu'ils m'imputaient ; et le *Bon-Sens* lui-même, qui se montrait le plus acharné contre moi, se rétractant, en quelque sorte, à mon sujet, dans sa feuille du 11 juin, première colonne, disait, en parlant de mon discours du 9, que j'avais mis le pouvoir à l'agonie : il avouait donc que je n'avais jamais été vendu au pouvoir ! Il est donc évident que, dans ce malheureux procès, aussi bien que dans ma conduite antérieure, j'ai agi avec toute la dignité d'un homme consciencieux et indépendant.

Maintenant, examinons si mes adversaires, qui ont refusé les débats, ont agi de même.

C'est un fait positif, incontestable, et les temps où nous vivons en offrent de nombreux exemples, que les hommes qui se vendent à un parti, quel qu'il soit, ne s'appartiennent plus ; ils en deviennent les esclaves, et dès lors ils se dépouillent de leur dignité d'hommes indépendans, en se soumettant humblement aux volontés des maîtres qui les salarient. J'ai été accusé, sans preuve, d'être un homme vendu au pouvoir ; pour moi, je n'avancerai rien sans donner au moins une apparence de preuve, ainsi on dit, et je suis fondé à le croire, que les principaux meneurs ont refusé les débats, sous la condition que le comité-directeur du parti républicain les indemniserait des pertes qu'une plus forte condamnation, provoquée par ce refus même, devait leur faire éprouver ; et que c'est ensuite de cet arrangement que le comité a ouvert une souscription de 20,000 francs destinés spécialement à ceux qui refuseraient les débats. On dit encore qu'une somme de 4,000 francs par année a été accordée à un des principaux meneurs pour l'indemniser de la perte de son établissement ; que 180 fr. par mois ont été aussi alloués à un autre : savoir, 100 fr. pour sa famille , et 80 fr. pour lui. Il est hors de doute, pour quiconque est de bonne foi, que cette somme de 20,000 fr. a été répartie dans les familles des condamnés qui ont refusé les débats, et à chacun selon le rôle qu'il s'est prêté à jouer devant la Cour des Pairs : comme, par exemple, ceux qui ont prononcé des discours préparés par le comité-directeur , ceux qui se sont fait traîner à la barre par la force ; ceux enfin qui ont répété, comme de vrais perroquets : « Je ne répondrai que quand vous » m'aurez accordé mon défenseur et mon conseil, et » que tous mes co-accusés seront ici présens. » Ainsi , c'est bien réellement au profit de mes adversaires ; et comme conséquence d'une condition imposée et remplie, qu'a été faite cette souscription de 20,000 fr., sans compter les souscriptions particulières pour les principaux meneurs (1), car il est juste que chacun soit rétribué suivant son mérite. Mais ici je peux dire, comme le premier organe du ministère public: « S'ils avaient appréhendé une condamnation à la peine de mort, ils n'auraient pas été aussi audacieux.» Effecti-

---

(1) En cela ils ont imité quelques condamnés parisiens pour les événemens de juin, qui ont eu l'adresse de se faire créer des rentes, chacun selon l'importance qu'il s'est donnée, tandis que le plus grand nombre est dans la misère; tant il est vrai de dire: *Mouton, on t'a tondu, on te tond et on te tondra toujours.*

vement, j'en connais un grand nombre qui , pendant les événemens, se tenaient cachés, d'autres qui, après avoir compromis des hommes courageux, les ont lâchement abandonnés au premier coup de feu. D'où leur est donc venu ce subit et grand courage ? La résistance qu'ils ont affectée devant la Cour des Pairs n'est-elle pas l'effet d'une honteuse spéculation ? Aussi beaucoup d'entre eux sont-ils plus heureux en prison qu'avant les événemens , et ils se garderont bien de se pourvoir en grâce.

Maintenant je demanderai : Quels sont ces hommes qui composent le comité-directeur ? où étaient-ils pendant les événemens ? Il faut le dire : renfermés dans leurs appartemens ou réfugiés dans leurs campagnes , en attendant les résultats de la lutte. Si elle avait tourné à leur gré , ils auraient été prompts à se proclamer les principaux moteurs ; mais elle a tourné mal , et ils n'ont retrouvé de courage que pour calomnier ceux qui ont fait plus qu'eux , et qui, pénétrés d'un juste sentiment de dignité , ne se sont pas constitué leurs esclaves. Je le demanderai , aussi : ceux qui ont payé pour ne pas accepter les débats , que feraient-ils s'ils arrivaient au pouvoir sous un gouvernement républicain , et que des hommes qui auraient pris les armes pour le renverser se trouvassent entre les mains de la justice ? D'abord , sachons bien que, dans une nation civilisée, tout bon citoyen, sous quelque gouvernement que ce soit, doit obéissance aux lois et à la justice de son pays , toutes mauvaises qu'elles lui paraissent, puisque sans cela il n'est point de société ni de gouvernement possibles. Cet axiome a été compris par homme du peuple, Socrate, républicain vertueux , qui, respectant les lois, même injustes, de sa patrie, refusa de se sauver de sa prison dont la porte lui était ouverte. Eh bien! le comité-directeur du parti républicain n'a pas pensé comme Socrate: car, non-seulement il a payé une prime d'encouragement à ceux qui ont désobéi aux lois et à la justice du pays, en refusant les débats, mais il a fait calomnier ceux qui les ont acceptés. Où trouvera-t-on l'exemple et la preuve d'une politique plus immorale, plus subversive de toutes les garanties sociales, d'une politique qui nous conduirait de notre état de civilisation à celui de la plus complète barbarie, en mettant à la place des lois la volonté tyrannique de quelques intrigans. Ce comité répondra-t-il : « la Cour des Pairs devait accorder une libre » défense aux accusés, alors ils auraient accepté les dé-» bats? » Mais il est à la connaissance de tout le monde que cette Cour laissait à chacun d'eux le droit de choisir, dans le barreau de France, un défenseur : c'est un conseil hors du barreau qu'ils auraient voulu. Mais l'article 295 du Code d'instruction criminelle laisse au président la faculté de l'accorder ou de le refuser ; pouvait-on le forcer à se dépouiller du droit dont la loi l'investit ? Non, alors il n'y avait plus de raison à alléguer pour refuser les débats.

Demandons-nous maintenant ce que ferait un gouvernement républicain, si, comme je l'ai dit plus haut, des hommes avaient pris les armes pour le renverser ? N'aurait-il pas des lois, bonnes ou mauvaises, qu'il voudrait, et avec raison, et dans le but de sa propre conservation, faire respecter ? Que ferait-il encore si tous les prévenus refusaient les débats ? Accorderait-il une amnistie ? non, parce qu'il sentirait qu'il ferait un acte de faiblesse. Dès lors il comprendrait que sa dignité exigerait que force dût rester à la loi ; et, comme la loi ne fait point de différence entre celui qui se rend coupable d'un attentat contre l'Etat et celui qui se rend coupable d'un autre crime, il ne peut pas plus être permis à l'un qu'à l'autre de refuser les débats. Cependant le comité-directeur prétendait que, si nous les avions tous refusés, la Cour des Pairs n'aurait pas pu nous juger, et partant, que le gouvernement aurait été obligé de nous accorder une amnistie. Quelle absurdité ! Où a-t-on jamais vu un gouvernement ravaler sa dignité au profit d'hommes que la loi reconnaît coupables ? Si un pareil gouvernement existait, il mériterait le dernier mépris, et, disons-le aussi, la société n'aurait aucune garantie avec lui, en présence d'un tel acte de faiblesse. J'ignore ce que l'on pourrait objecter pour détruire ce raisonnement; mais, ce que je crois conforme à la plus saine logique, c'est que tout pouvoir, monarchique ou républicain, doit avoir en lui le sentiment de sa dignité et de sa force s'il veut faire respecter les lois; ajoutons que, du moment que la justice a été entièrement satisfaite, un bon gouvernement, un gouvernement paternel prouvera encore mieux sa force en pardonnant les crimes politiques, qui souvent ne sont que les fruits de l'erreur.

L'exposé de ces principes me conduit naturellement à juger sous leur vrai jour la conduite des hommes qui voudraient régénérer la France par une république; quelques traits m'ont suffi pour dépeindre ceux qui seraient appelés à diriger un gouvernement républicain, si malheureusement nous devions l'avoir; ils nous donnent on ne peut mieux la mesure de la conduite qu'ils tiendraient. La monarchie, qu'ils voudraient renverser, par l'article 7 de sa charte, nous laisse le droit de publier et de faire imprimer nos opinions ; il en serait autrement avec eux, car c'est pour avoir suivi l'impulsion de nos opinions, en acceptant les débats, qu'ils nous ont indignement calomniés, et qu'ils privent aujourd'hui nos familles des secours qu'ils accordent à celles des accusés récalcitrans. C'est pour avoir fait imprimer mes principes politiques que je me suis attiré le venin de leur haine ; et même un d'eux est allé jusqu'à me menacer de m'étrangler si j'écrivais encore contre les républicains. Cependant, à les entendre, ils voudraient donner au peuple une plus forte somme de liberté ; ils voudraient que toutes les opinions fussent libres et respectées, et donner plus d'extension à la liberté de la presse. Singulière extension qui conduirait à l'échafaud, comme en 93, l'auteur d'un écrit qui exposerait franchement ses principes politiques et qui attaquerait ce qu'il croirait mauvais ! Si le gouvernement eût professé de telles maximes, combien d'entre nous, et je dirai moi le premier, qui ont écrit sans ménagement contre lui, eussent payé de leur tête leur témérité? Eh ! grand Dieu ! quels seraient cette liberté et ce respect pour toutes les opinions, si je juge de ce qui adviendrait en grand par ce que je vois en petit ; car j'ai sous la main un règlement des républicains détenus à Clairvaux. Le second paragraphe du premier article est conçu en ces termes : « Tout individu, qui refusera de faire partie » de la communauté, sera forcé de rester dans sa » chambre, n'ayant pour toute nourriture que du pain » sec et de l'eau. » Laissez donc arriver de tels hommes au pouvoir, et vous verrez comme ils traiteront ceux qui ne consentiront point à faire partie de la grande famille républicaine ! Il ne s'agirait plus de priver d'un secours commun des détenus dissidens ; on ne se contenterait pas d'un règlement condamnant au pain sec et à l'eau, et c'est sur une plus grande page et en caractères de sang que seraient écrits les arrêtés de la république. Et c'est, appuyé sur de tels principes, sur de telles mesures, qu'ils osent proclamer l'indépendance, le plus beau titre de dignité auquel l'homme puisse prétendre? Quel machiavélisme! il faut le dire, ce sont des chaînes qu'ils forgeraient pour le peuple en le flattant. Revenons au règlement de Clairvaux : le dernier article, l'article 8, est ainsi conçu : « Si jamais il est prouvé qu'un mouchard s'est glissé » dans la communauté, il sera pendu sur-le-champ. » Tous les articles intermédiaires sont à peu près de cette force ; tous sont empreints du même esprit de justice et de mansuétude, et l'on sait que la haine ne marchande pas les titres. Je n'avance rien sans preuve : n'ai-je pas été traité maintes et maintes fois de mouchard, d'agent provocateur, d'homme salarié par le pouvoir? Ne méritais-je pas le dernier supplice? et, d'après l'aveu qui m'a été fait, plusieurs même de mes co-accusés qui ont accepté les débats, se seraient fait un devoir de tirer la corde pour me pendre. Et cependant le temps a prouvé que des intrigans me calomniaient sciemment; mais un mouchard, à leurs yeux, est un homme indépendant et qui a le courage de démasquer leur conduite.

D'après ces vérités, qui ne laissent rien à répondre, hésiterait-on à croire que la république qu'ils veulent soit assimilée à celle de 93 ! Qui peut s'y méprendre? personne. Mais on me dira, comme plusieurs m'ont déjà dit : « Croyez-vous que parmi les républicains il » n'y a pas d'hommes vertueux pour se mettre à la » tête de la république ? » Cette question est une question accusatrice contre tous ceux dont je signale les vices et qui déshonorent le mot de république, qu'ils ont tous les jours à la bouche, en tenant une conduite diamétralement opposée aux principes qu'ils proclament, et qu'ils ne songent pas même à mettre en pratique. Je demanderai encore où sont ces hommes vertueux, imbus de l'esprit d'humanité, de charité, d'indulgence et de tolérance, renonçant à leurs propres intérêts pour ne s'occuper que de ceux de leurs semblables? Pour moi, je ne vois que des hommes sans position, et qui voudraient s'en créer une aux dépens du peuple; je dirai même, d'après l'expérience que j'ai acquise, que, s'ils arrivaient au pouvoir, ils se moqueraient de la république, et ne songeraient qu'à s'enrichir. L'aveu d'un républicain lyonnais, qui a joué un grand rôle à la Cour des Pairs, suffit pour confirmer mon assertion; car il a naïvement déclaré, en présence de plusieurs de mes co-condamnés, que chacun devait s'occuper de soi-même et prendre son avantage où il le trouvait, et qu'il répondait qu'il n'y avait pas un seul de ses camarades détenus qui pensât autrement que lui. Au reste, pourquoi ce qui est cent fois arrivé n'arriverait-il pas encore aujourd'hui? Les hommes sont-ils devenus meilleurs? Pour moi, je ne m'en aperçois pas, et je suis fondé à dire comme saint Augustin : « Montrez-moi ce que vous êtes par » vos œuvres, si vous ne voulez pas que je vous » prenne pour des hypocrites? » Il n'y a pas de règle sans exception : il se trouve parmi les républicains des hommes de bonne foi; ceux-là apprécieront ma manière de voir sans se fâcher.

Dans ma dernière brochure, je disais : « L'homme » consciencieux et de bonne foi ne doit avoir d'autre

» guide que l'expérience, car c'est par elle que de
» l'erreur il revient à la vérité et du mal au bien. »
Mirabeau, l'auteur du Système de la Nature, avait
raison de dire « que c'est par l'expérience que l'on ap-
» prend à connaître toute chose. » Je dirai donc aussi :
c'est par elle que j'ai appris à connaître les hommes,
et, si je les avais connus comme aujourd'hui, jamais
de ma vie je ne me serais mêlé de politique ; j'aurais
même considéré les conspirateurs comme des intrigans
et des ennemis du peuple ; car, soyons-en bien pénétrés, avec eux jamais le peuple n'aura de repos, et le
commerce et l'industrie seront continuellement dans
un état de souffrance, parce que ces hommes sont dans
la société ce que sont dans la terre les vers qui détrui-
sent les racines des plantes.

Dans mes moyens de défense devant la Cour des
Pairs, j'ai fait connaître les raisons pour lesquelles j'a-
vais pris une part active aux événemens d'avril : si
j'avais été bien éclairé par l'expérience, loin d'avoir
fait ce que j'ai fait, j'aurais pensé que les mesures
prises par le gouvernement étaient sages et légitimes.
Récemment encore, et de premier mouvement je m'in-
dignais contre lui au sujet des lois présentées le 4 août à la
Chambre des Députés. Mais depuis je me suis demandé
ce que ferait un gouvernement républicain s'il était
continuellement menacé par un parti qui voudrait,
non pas le mettre sur la bonne voie, mais bien le renverser ; et j'ai conclu qu'il ferait ce que la loi naturelle
permet à tout homme de faire quand il est menacé
dans son existence, qu'il prendrait des mesures efficaces
pour désarmer ses ennemis, et les mettre hors d'état
de lui nuire. C'est donc ce que fait le gouvernement
en restreignant nos institutions dans l'intérêt de sa

propre conservation et pour préserver la France d'un bouleversement qui la perdrait infailliblement. J'ai démontré à la Cour des Pairs les articles de la charte violés et les promesses du roi faussées ; mais n'aurait-on pas pu me répondre : « Devait-on s'attendre qu'à la » faveur de nos institutions et des promesses du roi, » un parti aurait travaillé au renversement de la mo-» narchie constitutionnelle ? D'après un argument aussi solide, nous devons convenir que ce n'est pas au gouvernement que nous devons nous en prendre, si nous ne jouissons pas de toute la plénitude de nos droits, mais bien au parti républicain, qui ne cache point son intention de le renverser ; il faut avouer que, si la liberté de la presse devient sous la plume républicaine une arme empoisonnée sans cesse dirigée contre le gouvernement monarchique, celui-ci, sous peine de périr, est en droit, sans reproches, d'user avec prudence de quelques mesures restrictives. Et certes, il faut encore lui rendre cette justice ; il ne fait pas ce que la république modèle de 93 faisait contre ceux qui se déclaraient ses ennemis ou qui écrivaient contre elle : elle les envoyait sans forme de procès à l'échafaud ; et la vénération que nos républicains modernes portent à la mémoire de ceux qui en étaient les chefs prouve trop bien qu'en pareil cas ils marcheraient sur leurs traces ; ils nous en donnent dans ce moment même un aperçu assez clair, assez précis, pour que nos craintes soient fondées.

Maintenant j'ai l'intime conviction que le bonheur de la France dépend de sa tranquillité, et que nous ne jouirons de cette tranquillité que quand le gouvernement sera stable ; et il ne sera stable que quand on aura ôté à tous les partis les moyens de pouvoir susciter des émeutes. Pour arriver plus vite à cet heureux résultat, tout bon Français, qui est bien pénétré de cette vérité, ne doit pas hésiter de concourir à démasquer les ambitieux qui abusent de la crédulité des classes ouvrières pour en faire les ennemis du gouvernement. Pour moi, je déclare, du fond de ma conscience, que deux ans de prison m'ont plus fait connaître les hommes que les cinquante ans que j'ai sur ma tête; aussi, je ne crains pas de donner le défi le plus formel à qui que ce soit de me prouver que tout ce que j'avance n'est pas conforme à la vérité.

Mes ennemis aujourd'hui ne manqueront pas de crier, encore plus que par le passé, que je suis vendu au pouvoir, et que je cherche, par les moyens que j'emploie, à obtenir ma grâce. Je le déclare sur tout ce qu'il y a de plus sacré : non, je ne suis point vendu au pouvoir; si je m'attache à lui, j'en explique les raisons, et qui seront, je n'en doute pas, bien appréciées par tous les hommes de bonne foi.

Je ne tergiverse pas, je ne suis que l'impulsion qui m'est donnée par l'expérience, et c'est d'après elle que je déclare qu'un gouvernement monarchique, quelle que soit sa forme, est préférable à une république comme celle qu'on voudrait nous donner. Pour ma grâce, voici ce que je dirai : quand j'ai pris part aux événemens d'avril, j'avais la pensée de bien faire pour ma patrie, et l'expérience, en me démontrant aujourd'hui que j'étais dans l'erreur, ne prouve pas que j'étais coupable; or, cette erreur, cette faute, est de celles qui méritent, non la grâce qui humilie, mais l'indulgence qui excite la gratitude parce qu'elle n'avilit pas. Aussi, maintenant que le gouvernement a prouvé sa force en ne reculant point devant ceux qui ont refusé les débats, je désire que le roi accorde une amnistie générale, d'autant plus qu'elle sera un coup de foudre pour le parti républicain, qui n'aura plus de prétexte pour parler des martyrs de la liberté. En même temps, elle sera une juste punition pour ceux qui, par les secours que leurs familles reçoivent, sont plus heureux en prison que dehors ; et enfin elle sera, pour ceux dont les familles sont privées de secours et qui gémissent sous le poids de la misère, un bonheur dont ils tiendront un jour compte à Sa Majesté.

En livrant ma brochure au public, je vois d'avance toutes les haines du parti républicain se déchaîner contre moi ; peu m'importe : du moment que je crois servir ma patrie, tous les appareils des supplices les plus terribles ne m'effraieraient pas, et j'agis sans crainte, d'après mes convictions. Si mes adversaires sont généreux, comme ils prétendent l'être, ils sont sur le même terrain que moi, qu'ils me combattent par des raisonnemens solides, et non par des sophismes ou des injures : alors le public éclairé nous jugera mieux.

MOLLARD-LEFÈVRE.